OPUSCULE.

POLITIQUE

SUR LES ÉLECTIONS

ET SUR LES FINANCES.

Par A. D. P.

VIVE LE ROI! VIVE LA FRANCE!

Tel est l'ordre établi dans les choses humaines, que la prospérité des États est la récompense certaine et constante de leurs vertus ; et l'adversité, le châtiment infaillible de leurs vices. L'histoire des siècles passés instruit le nôtre de cette vérité, et nous servirons à notre tour de leçon à nos neveux.

MABLY, *Entretiens de Phocion.*

A BORDEAUX,

CHEZ LAVIGNE JEUNE, IMPRIMEUR DU ROI, DE S. A. R. Mgr.
LE DUC D'ANGOULÊME, ET DE LA PRÉFECTURE.

1816.

AVERTISSEMENT

DE L'AUTEUR.

JE l'ai dit ailleurs, cet écrit devait paraître en 1815. Après une interruption de plus de huit mois, je venais de le reprendre, de le terminer à la hâte ; déjà je le livrais à l'Imprimeur, quand a paru l'ordonnance du 5 Septembre. Si j'avais pu en pressentir l'article qui déclare qu'aucune disposition de la Charte ne sera revisée, j'aurais, sans doute, modifié mon ouvrage en conséquence ; mais il n'était plus temps, et les mêmes circonstances qui me l'ont fait suspendre, et ensuite achever avec tant de précipitation ; qui ne m'ont pas permis de le digérer, de le revoir et corriger à mon gré, s'opposent, à plus forte raison, à des changemens qui en seraient l'entière refonte.

Je respecte tous les actes qui émanent de notre bon Roi, autant que je le chéris et le vénère ; et, s'il faut dire ici ma profession de foi, l'ordonnance du 5 Septembre me paraît sage entre tous ces actes. L'esprit de réforme et d'innovation chez nous ne connaît pas de bornes ; et la révision d'un seul article de la loi fondamentale, aurait pu conduire successivement à celle de tous les autres, et entraîner sa dissolution totale. Laissons au temps de préparer et mûrir les changemens que l'expérience prouvera utiles, et de les amener sans violence, sans secousse et sans danger.

Après cette déclaration franche de ma part, on ne m'accusera pas sans doute de méconnaître ou de mépriser la volonté royale ; ma justification serait alors dans mon ouvrage même. Ni les motifs, ni le texte de l'ordonnance ne défendent aux citoyens de raisonner paisiblement sur la loi qui les gouverne : ce n'est pas la publication d'opinions politiques particulières, que le Monarque, plein de sollicitude, a entendu proscrire ; S. M. a voulu seulement prévenir des discussions orageuses dans nos assemblées nationales.

Au surplus, mon opinion sur les élections comme sur certains autres points, n'est qu'un pur doute, dont l'examen particulier est sans conséquence, et je ne le donne que pour cela. Ce que je ne présente ni comme douteux, ni comme indifférent, c'est notre besoin d'union, de désintéressement, de patriotisme et de bonnes mœurs, si nous voulons guérir promptement et radicalement les maux de la France.

OPUSCULE

POLITIQUE (1).

Au moment où les chambres sont assemblées ; où le Gouvernement se dispose à perfectionner nos institutions, et à poser sur de solides bases les destinées futures de la France, qu'il me soit permis d'émettre, par la voie de l'impression, un vœu uniquement formé par mon amour pour mon Roi et pour mon pays. Sans talent, mais aussi sans prétentions, en publiant une idée qui s'est plusieurs fois présentée à mes réflexions, je n'ai d'autre vue que de la soumettre aux hommes éclairés et versés dans la science du droit public,

(1) Je crois devoir prévenir que cet écrit était destiné à paraître en 1815, durant la dernière session. Fruit de mes méditations, ou, si l'on veut, de mes rêveries, je m'en occupais avec ardeur et avec plaisir, quand des circonstances particulières m'arrachèrent à ce travail qui touchait à sa fin, et m'ont empêché jusqu'à ce jour d'y mettre la dernière main. Je dirai encore que j'ai été entraîné par mon sujet, ce qui a converti insensiblement une simple lettre en cette brochure.

qui pourront ou la faire valoir, ou la combattre, si elle leur paraît digne de leur attention.

Je désirerais donc que l'article de la Charte qui exige des députés mille francs de contributions, fût rapporté, pour l'avenir, comme un hommage à la fortune, tendant à diminuer en France le nombre des propriétaires, et à aiguillonner encore le désir des richesses, qui n'est que trop allumé dans tous les cœurs.

Pervertis par le souffle corrupteur d'une longue et désastreuse prospérité militaire ; par le débordement contagieux du luxe le plus effréné ; par cette suite de révolutions, qui, depuis vingt-cinq ans, ont déchaîné et mis en jeu toutes les passions ; par quinze ans d'esclavage, sous un despote vain, sanguinaire et perfide, qui, après avoir inondé la France de calamités, y avoir par-tout répandu les fermens de la haine et de la discorde, deux fois a compromis son existence, et l'a deux fois laissée à la merci des étrangers ; nous avons besoin d'être insensiblement ramenés à l'antique simplicité des mœurs, à ces principes éternels et tutélaires de saine morale et de religion, source de la modération, du désintéressement, de l'amour de l'ordre, de la patrie, de l'humanité (a).

Oui, trop long-temps nous sommes restés égarés ; trop long-temps un usurpateur insolent et inquiet a, pour se maintenir, ou sapé à découvert, ou miné sourdement toutes les institutions libérales, morales et religieuses, ces colonnes de tout pouvoir légitime, de la véritable gloire et du bonheur des peuples ; trop long-temps, pour justifier son mépris des hommes, en étouffant dans les cœurs le goût de la vérité simple et de la modeste vertu, le tyran y a fomenté toutes les passions abjectes, barbares et féroces. Aussi, non-seulement les sentimens généreux se sont-ils ou éteints, ou extrêmement affaiblis chez nous, un désordre mental règne encore dans nos idées (*b*). Aveuglés et trompés par nos passions, nous nous laissons séduire, comme des enfans, par les raisons les plus frivoles, par les sophismes les plus grossiers ; nous ne voyons que l'écorce des choses ; et de simples apparences, des conjectures invraisemblables, ou fausses et absurdes, nous imposent et règlent nos jugemens (1). Ainsi nous ne sommes jamais d'accord avec nous-mêmes ; nous brouillons, nous confondons tout ; nous ne distinguons plus

---

(1) Ce défaut de réflexion, suite d'une grande préoccupation de l'ame, ne serait-il pas la cause principale de l'instabilité de nos opinions, et la source de cet égoïsme stupide qui a fait paraître tant d'hommes girouettes, comme on a dit avec autant de sel que de justesse ?

les vraies notions du bien et du mal, ou ne les
apprécions que d'après notre intérêt: L'égoïsme,
l'impur égoïsme est par-tout : il règne également
dans les différens partis qui divisent notre malheureuse patrie, qui la perdront, peut-être; il
a gangrené, desséché tous les cœurs : par lui
s'est détendu, s'est brisé le ressort de l'honneur
et de l'amour de nos semblables. Pour bien dire,
nous n'avons plus de patrie : émigrés et jacobins,
nobles et non-nobles, elle est toute concentrée
dans chacun de nous individuellement, et dans
ce qui se rapporte immédiatement à nous. Nous
n'existons plus que pour nous et en nous seuls,
et jusqu'aux affections de la nature les plus sain-
tes et les plus douces, ont été relâchées (c).

Égarés par de fausses lueurs, entraînés par des
théories brillantes sans doute, mais encore plus
impraticables, nous nous sommes fait une idée
absurde de liberté, de gloire, de justice et de
bonheur. Rêveurs éternels et exigeans, sans cesse
nous soupirons après une perfection absolue de
gouvernement impossible à la faiblesse humaine;
perfection idéale et chimérique, abstraction pure, être de raison, qu'on ne trouva, qu'on ne
trouvera jamais que dans les livres (d) : et malgré l'expérience de vingt-cinq ans, expérience si
rude et si chèrement achetée, ce malheureux
esprit de système politique nous poursuit et nous

travaille encore, et nous tient toujours mécontens. Aussi, quoi qu'on en dise, cette agitation secrète, cette vague inquiétude, cette défiance turbulente et morose, et sans objet déterminé, que rien ne rassure ; cette perpétuelle inconstance de désirs et de volonté que rien ne fixe et n'attache ; ce goût de la contradiction, joint à une irritabilité d'humeur, à une impatience bilieuse que tout aigrit ; en un mot, ce mal-aise moral que nous éprouvons tous plus ou moins, s'il paraît la suite assez naturelle de nos troubles civils, de nos longues souffrances, des embûches et des surprises que nous ont successivement et diversement tendues nos gouvernemens révolutionnaires ; il n'est pas moins l'effet de l'égarement de notre raison, qui, subjuguée par les passions, au lieu de borner nos désirs, s'élance et erre avec eux dans l'immense région des possibles.

Au reste, tels on nous voit à l'égard des affaires publiques, tels nous restons dans notre intérieur. Nul n'est content de sa condition ni de sa fortune ; nul ne sait plus goûter les jouissances paisibles de la vie domestique. Le déréglement de nos désirs a blasé nos cœurs ; il les a fermés au bonheur, et rendus insensibles qu'à des émotions violentes et des plaisirs désordonnés. L'ambition, l'envie, la vanité ombrageuse et jalouse, l'insa-

tiable soif d'avoir nous possèdent et nous tour-
mentent; et notre dépravation est au point que,
si beaucoup, sous un masque hypocrite, daignent
encore couvrir leurs vues cupides et ambitieuses,
quelques-uns ne rougissent pas d'avouer la turpi-
tude de leur pensée, et qu'un grand nombre,
oui, un grand nombre ne croit plus à la vertu.

En vain quelques hommes rares et isolés élè-
vent-ils encore une voix solitaire en faveur de la
sagesse; en vain quelques autres, par de généreux
exemples, essayent-ils d'électriser la nation, et
de provoquer de chacun de nous un sacrifice
spontané, proportionné à nos facultés, et aux
besoins de la patrie : ni ces voix, ni ces exemples
ne sont entendus. Obstinés dans des vices qui
nous sont chers, nous choyons l'erreur qui les
protège, et craignons d'en sortir : nos yeux se
ferment à la lumière, le jour de la vérité les
blesse et nous importune. Nous n'écoutons, ne
voulons écouter que les discours emportés et les
raisonnemens spécieux de ces hommes extrêmes
qui, imbus des mêmes préventions, sollicités
par les mêmes intérêts, et professant les mêmes
opinions que les nôtres, en abondant dans notre
sens, flattent, caressent, exaltent encore nos
passions, imposent à la raison, et nous rendent
tristes et odieux les conseils de la prudence.

Jadis la justice et la modération comptaient

parmi les vertus : de nos jours il en est autrement. La justice la plus nécessaire, la plus solennelle, la plus indulgente, est par les uns qualifiée de vengeance, de fureur, de réaction, tandis que d'autres nomment timidité, lâcheté, faiblesse, inertie, l'impassible et noble modération, si recommandable autrefois, et compagne inséparable de la vraie sagesse. Les premiers appellent de nouveau la licence, le désordre, l'anarchie et la tyrannie, fille de l'anarchie : ceux-ci réclament l'arbitraire et le despotisme (e); et leurs étranges raisonnemens s'étayent de l'exemple même de l'usurpateur, comme si un descendant de Saint-Louis, de Henri IV et de Louis XII, si le petit-fils de Stanislas, le frère de Louis XVI, devait être un Bonaparte, et le règne d'un sage, celui d'un soldat farouche et sans foi, étonné et enivré de sa fortune !

Mais enfin, qu'a-t-il fait cet homme abhorré, pour tant vanter encore son *administration vigoureuse ?* Où l'a conduit l'abus de la force et de son monstrueux pouvoir ? Tout entier au moment présent, sans la moindre prévoyance, l'insensé n'a su atteindre à aucun des buts qu'il se proposait : il a dépensé, toujours en pure perte, les ressources les plus prodigieuses, la fortune la plus complaisante, la plus prévenante, je dirais presque la plus servile dont on eût encore ouï parler : que dis-je ? lui-même a précipité sa ruine ; il a fait s'écrouler, avec une effrayante rapidité, cette puissance colossale, qui semblait embrasser le monde, et l'imagination même reste étonnée de cette chute. Il n'a réussi qu'à corrompre la nation, qu'à accumuler sur elle des ressentimens et des vengeances, qu'à changer en hordes trop souvent féroces, des armées aussi généreuses que braves sous les Pichegru, les Kléber, les Moreau. Violateur des droits les plus sacrés, lâche artisan de trames infâmes, atroce assassin, fléau dévorant, bourreau de seize générations, le monstre, insatiable de carnage, a fait couler des fleuves de sang ; il a fait verser des torrens de larmes, sans qu'aucun bien ait compensé au moins une faible portion de tant de maux ; génie vaste, et vraiment prodigieux dans le mal, le bien resta toujours hors de sa sphère. Vainement il s'était flatté d'avoir étouffé en France ces factions fatales, d'où sortirent tous nos malheurs, et qu'il redoutait lui-même : nous ne lui devons pas même cette obligation ; et l'expérience a prouvé s'il avait fait que les comprimer : au reste, il les eût pulvérisées, qu'elles renaîtraient de leurs cendres : le secours insensible des mœurs publiques et des sentimens religieux peut seul en dissoudre les élémens ; mais quel tyran s'aviserait de ce moyen ?

Quoi qu'il en soit, telle est l'agitation actuelle des esprits, l'effervescence des passions, le froissement des vanités, le tumulte et le choc des intérêts contraires, qu'il est bien mal aisé de juger des mesures les plus convenables dans ces conjonctures, et de gouverner au plein gré d'aucun des partis. De là, peut-être, l'indécision, le tâtonnement de plusieurs de nos ministères, l'insuffisance ou la fausseté de leurs mesures, qui grossissaient, sans compensations, le nombre des mécontens. Avertis par cet exemple, et munis d'un grand fonds de courage, d'une imposante fermeté, d'un invincible désir du bien public, les ministres actuels ont reconnu l'impossibilité de satisfaire entièrement tous les esprits, de ménager également tant d'intérêts opposés, de suffire à des prétentions si diverses, si outrées, si dérisoires : ils ont senti le danger de la conduite adoptée par leurs devanciers. La leur a été autre : élevant leurs vues, embrassant à la fois tous les intérêts particuliers dans le seul intérêt de l'état, ils ont su trouver une règle sûre et constante : le salut de la patrie est devenu leur but unique et leur boussole en même temps : dès-lors, leur marche, extrêmement simplifiée, a été plus rapide, plus assurée ; nous avons pu enfin espérer. Cependant notre mécontentement va toujours son train ; et le Roi, le Roi, lui-même, ce Roi français, si éminemment Français, l'idole des bons citoyens, le sauveur, l'espoir de la patrie, le Roi est accusé de tous, et sa justice et sa clémence lui sont également reprochées (*f*). Pour prix de ses soins paternels, de son désir de notre bonheur, de ses efforts, de ses sacrifices, afin de subvenir au premier besoin de ses sujets, en ramenant au milieu d'eux la douce paix et la concorde; pour tant de sollicitude, cet infortuné Monarque n'est abreuvé que d'amertume, il ne recueille que des dégoûts. Notre chagrine injustice se plaint, murmure, et toujours censure; et tel qui ne sait pas même ordonner un ménage, qui ne peut s'opposer à l'inconduite d'une femme, fronde avec aigreur, avec emportement, chacun des actes du gouvernement le plus difficile, le plus pénible qui fut jamais. Aveugles que nous sommes tous ! nous ne voyons pas que c'est nous-mêmes qui traversons ce Gouvernement; que notre orgueil impertinent, nos ridicules prétentions, notre avarice, nos ressentimens, nos soupçons, notre stupide et lâche égoïsme creusent incessamment l'abîme qu'il cherche à combler, et qui nous engloutirait cette fois sans retour. Je le dis, il faut à Louis XVIII tout l'héroïsme du patriotisme et de la vertu, pour ne pas jeter le fardeau, et abandonner à son sort un peuple ingrat et dégénéré.

Voilà cependant où nous en sommes venus ; voilà comme au sein même d'une civilisation raffinée, et des lumières d'un siècle très-éclairé, nous rétrogradions vers la barbarie, et comme chaque jour de domination du héros de Vendémiaire et de l'Égypte, de l'Espagne et de Moscou, de Leipsick et du Mont-Saint-Jean, nous y voyait faire un pas effrayant (g).

Dans cet état, je ne doute point que le Gouvernement réparateur, qui nous est rendu, n'ait en vue la régénération progressive de la nation, par la culture des mœurs et des vertus domestiques, mères de toutes les autres vertus, et la plus sûre, la seule sauve-garde des lois et des institutions les plus parfaites (h). Mais il me semble que la disposition constitutionnelle dont j'ai parlé va directement contre ce but, s'il est vrai que la cupidité, qu'elle stimule, soit incompatible avec la sagesse et les sentimens nobles et généreux.

J'accorde qu'il faut à l'État une garantie réelle contre les passions des représentans ; mais cette garantie ne serait-elle pas suffisamment assurée par le choix même des représentans, si ce choix n'était confié qu'à des hommes intéressés à bien choisir ? Que les citoyens riches et aisés composent donc exclusivement les divers colléges électoraux : mais en même temps que tout Français, quelle que soit sa fortune, puisse être député, lorsque, aux yeux des électeurs, il réunira à la pureté des mœurs, à la solide vertu, les lumières et les talens.

De cette sorte, le mérite et non la fortune serait honoré ; et l'hommage rendu à l'homme de bien, pauvre et éclairé, aurait quelque chose de touchant, qui réjaillissant sur la pauvreté même, influerait puissamment sur les mœurs, en rendant peu à peu la vertu plus respectable, plus désirable peut-être que les richesses. De plus, aucun citoyen ne serait humilié par une exclusion de droit. L'ambition d'ailleurs serait bien moins excitée que la vertu, la vertu étant dans l'hypothèse essentiellement nécessaire pour concilier les suffrages. Quant à l'exclusion des colléges, elle ne prive d'aucun avantage ; qui pourrait donc s'en offenser ou s'en plaindre, quand il est permis à tous d'aspirer à l'honneur plus grand de la députation ?

On objectera sans doute encore le défaut de moyens pour représenter dignement : je réponds, on refusera, quand on n'aura pas de quoi suffire à la dépense. Au surplus, je suis loin de penser que la dignité consiste dans la magnificence extérieure. Souvent je me représente à la tribune de nos assemblées un Aristide, un Épaminondas, un Phocion, et je ne vois pas que la frugalité de leur table, la simplicité de leur demeure et de leurs habits, leur contenance grave et modeste, diminuent en rien le respect dû à leur mérite. Dans des temps plus modernes, et en prenant chez nous les exemples, qui ne sait combien la touchante simplicité des Turenne, des Fénélon, des Catinat, rehaussait leur gloire et leurs vertus? Je ne veux point examiner, d'un autre côté, s'il n'appartiendrait pas aux députés actuels, l'élite de la nation, et aux autres grands corps de l'état, de donner l'exemple de la simplicité. La réforme du luxe, fécond en vices et en désordres, cette réforme, sage dans tous les temps, doit être aujourd'hui un besoin pour la France épuisée de ses revers.

Mais qu'elle sera lente, je crains, et difficile, cette réforme ! et qu'il serait besoin d'un puissant stimulant pour nous arracher à nous-mêmes, et nous forcer à sortir de notre profonde insouciance ! Par quel miracle, en effet, pourrions-nous soudainement nous oublier; nous identifier avec la patrie, et renoncer pour elle à ce raffinement de sensualités où nous sommes pour ainsi dire noyés; quand nous nous sommes de plus en plus retranchés dans notre *moi*; quand notre endurcissement barbare, notre inconcevable égoïsme se sont accrus encore au milieu des événemens déplorables dont nous venons tous d'être les victimes, et qui devaient opérer, ce semble, un effet si contraire ? Car nous en sommes là, que pas un de nous n'est véritablement touché des malheurs publics, ne gémit sur les désastres de cet antique et beau royaume, si florissant autrefois, et si brillant de toute sorte de splendeur; ou si nous y sommes sensibles, ce n'est qu'en ce qu'ils nous affectent directement, qu'ils blessent directement et présentement nos intérêts privés. Mais le bien général, mais les avantages communs, mais tous les grands intérêts de l'état ne peuvent par eux-mêmes nous émouvoir. Isolés dans notre existence, nous ne sentons plus rien hors de nous, nous ne savons plus goûter qu'un bonheur à nous propre et exclusif. A notre froideur devant le douloureux spectacle de tant de calamités, on nous dirait étrangers chez nous; on chercherait des Français en France : hélas ! combien en trouverait-on ? Le sort même de la patrie, que menacent mille dangers; notre indépendance, notre existence nationale mises en question, nous laissent tièdes et apathiques : à peine si nous leur accordons cet intérêt passif de l'indifférence, qui se perd en plaintes vagues ou en vœux stériles. Ces puissantes considérations ne sauraient d'ailleurs nous exciter à aucun don, à aucun sacrifice libre et volontaire; que dis-je ? ce n'est qu'à l'action rigoureuse de la loi que nous cédons avec regret les secours qu'elle exige. Cependant, ce grand mot de *patrie* est toujours dans notre bouche ; sans cesse nous protestons de notre amour pour la *patrie*, comme de notre attachement au Roi. Eh ! bon Dieu ! un peu moins de paroles, et plus d'effet. Ce n'est pas de phrases que la France a besoin, mais d'actions généreuses : ce doit être aussi la preuve de nos sentimens pour le Souverain, la véritable pierre de touche du pur et franc royalisme.

Oh ! que bien différentes se sont montrées en divers temps, et dans des circonstances moins critiques et moins impérieuses, tant de nations qu'on pourrait citer, quand les citoyens, après avoir épuisé leurs espèces, déposèrent spontanément sur l'autel de la patrie tous leurs effets précieux, et jusqu'aux joyaux de leurs épouses, dignes compagnes de tels maris ! Que bien différent sur-tout a paru naguère un grand peuple, ce peuple brave et magnanime, le plus loyal, le plus généreux de nos alliés, lorsqu'il prodiguait ses trésors à son Prince, et brûlant de patriotisme, de ses mains consommait sa ruine, livrant aux flammes le couvert avec la couche de ses femmes et de ses enfans ! Il nous souviendra trop long-temps du résultat de ce dévouement héroïque et presque incroyable.

Ah ! si l'amour de la patrie vivait de même dans

nos ames ; si ce feu pur et sacré échauffait, em-
brâsait nos cœurs , sans nous imposer ces rigoureux sacrifices , sans nous priver du nécessaire ,
ni retrancher que sur le superflu relatif à chacun
de nous , nous laisserions aussi un grand exemple à l'histoire......

Je ne dirai point de verser au trésor public ces
sommes mortes et cachées que couve l'avarice de
de quelques-uns , ni d'entamer ces capitaux qui
forment notre patrimoine , ou comptent dans le
fonds de notre fortune ; je n'oserais inviter à
restaurer d'un seul coup les finances , aux dépens de ces valeurs intrinsèques que tous possèdent , du plus au moins , en vaisselle plate , en
argenterie , en meubles d'or et d'argent , en bi-
joux de toute nature , faisant tous pour notre
mère commune ce qu'un héros français, Turenne,
fit autrefois pour une armée moins pressée de détresse : non , cet effort salutaire serait trop grand,
trop au-dessus des forces du plus grand nombre ;
et bien que le plus raisonnable , le plus utile sous
le rapport moral , le plus indifférent à notre bien-
être réel , trop peu , trop peu voudraient m'entendre.

Mais restreignons du moins nos dépenses somp-
tuaires en raison des charges publiques. Loin de
nous le faste , la vaine magnificence , le luxe
envieux et dédaigneux , le luxe qu'aimait et exi-

geait le tyran , et qui par cela seul devrait nous être en horreur : loin , loin encore ce goût dépravé de la recherche , ces fêtes frivoles et dispendieuses , ces plaisirs tumultueux qui ruinent si souvent l'insensé qui les poursuit , sans lui procurer jamais une seule jouissance réelle. Réglons l'abondance de nos tables , et entourés de malheureux , par une profusion plus coupable encore que scandaleuse , cessons d'insulter à leur faim et à leur misère. Combien peu d'entre nous alors n'auraient pas quelque superflu à donner à la patrie ! d'autant plus que ces réformes étant relatives aux fortunes et aux conditions , et descendant de degré en degré , jusqu'aux dernières classes du peuple , les moins aisés , piqués d'une noble émulation , trouveraient dans une privation nouvelle et douce , des offrandes peu riches sans doute , mais bien méritoires , et véritablement importantes dans leur masse. Mais qu'il serait sublime , grand Dieu ! et ravissant, ce spectacle d'une immense population, sacrifiant ainsi toute entière à sa patrie, et courant au-devant de ses besoins ! Quelles douces larmes humecteraient les yeux quand la femme pauvre et délaissée, la triste veuve elle-même, d'une main tremblante, présenterait son humble et précieux denier !

Par là notre France se trouverait bientôt soulagée et rédimée, et sa libération n'aurait coûté ni larmes, ni murmures aux malheureux, ni suscité les clameurs de la malveillance, ni privé l'indigent d'une partie de sa subsistance. Nous-mêmes, par l'économie de nos dépenses les plus coûteuses, jouirions de plus d'aisance, et notre pieuse libéralité, en nous affranchissant d'une infinité de besoins factices, aurait grossi réelle-ment nos revenus (*i*).

Cependant, comme nous goûterions avec déli-ces la félicité publique, qui serait notre ouvrage ! comme chacun de nous jouirait de sa noble et touchante simplicité ! qu'il s'en glorifierait à plus juste titre que de sa somptuosité passée !

Nous ferions plus encore : (les vertus s'engen-dfent comme les vices, et s'appellent entre elles) : après ce premier pas, rien ne nous coûterait, et nous abjurerions sans peine nos longues et funes-tes discordes. Oui, réunis franchement au meil-leur des Rois ; sincèrement rapprochés par un égal patriotisme, nous nous donnerions tous le baiser de paix : par des concessions mutuelles, par une générosité réciproque, une transaction grande et équitable, honorable et avantageuse à tous ; un accord fortuné serait le tombeau de ces tristes sujets de haine (*j*), de regrets et d'alarmes qui survivent à la révolution, parce que le temps, la justice positive et la grande raison d'état, les

consacreront toujours contre les réclamations ri-
goureuses de la raison pure et de l'absolue justice.
Alors ces actes d'iniquités qui doivent, aux générations à naître, attester de nos fureurs, de nos
discordes, de notre avidité barbare, ne seraient
plus qu'un monument de la grandeur d'ame et
de la haute vertu d'un peuple redevenu lui-même,
qui aurait immolé au bien général, outre ses intérêts particuliers, ce qui fut toujours plus beau,
ses affections les plus pénibles, ses plus profonds
ressentimens.

Heureuse alors la France, heureuse malgré ses
désastres ! Réconciliés entre eux et avec la vertu,
ses enfans bientôt la replaceraient au premier
rang des nations ; bientôt ils l'élèveraient à un
point de splendeur où ne la portèrent jamais
l'éclat des conquêtes et les sanglans trophées de
la victoire. Paisible et florissante au-dedans,
aimée et respectée au-dehors, sa gloire et sa
puissance reposeraient cette fois sur une base
inébranlable.

Hé bien ! cet effort, cette générosité salutaire,
que ne la provoque-t-on du moins ? Pourquoi le
Gouvernement, ou plutôt les chambres, qui mon-
trent un dévouement si beau, un amour si pas-
sionné pour le Prince et la patrie ; pourquoi ces
hommes désintéressés, ces cœurs tout français,
dont le zèle pur et éprouvé, ne calcula jamais

aucun sacrifice personnel , pourquoi désespére-
raient-ils du patriotisme de leurs concitoyens,
de leurs amis, de leurs frères, qui ne les ont
commis que parce qu'ils étaient sûrs de leur vertu ? Élus du peuple , investis de sa confiance ,
de cela seul on pourrait , on devrait conclure
que la masse est moins dépravée qu'il ne le semble au premier coup d'œil, et que ce peuple
aimant et sensible , mais trop souvent trompé ,
toujours calomnié ou méconnu , serait capable
des efforts les plus mâles , des vertus les plus difficiles.

Cette confiance semble justifiée par les événemens de Mars 1815. Si cette époque désastreuse
rappelle de lamentables souvenirs , elle en re-
trace aussi de bien consolans , de bien chers à
un cœur français : cet enthousiasme de la nation
à l'appel de son Roi ; sa généreuse indignation
contre le brigand jaloux de son bonheur ; son
ardeur à seconder, de tous ses moyens, les mesures du Gouvernement ; les nobles sentimens,
le dévouement sublime qui éclatèrent de premier
mouvement , jusque dans les dernières classes ,
avant que la séduction et la calomnie eussent
égaré l'ignorance crédule d'une partie de la mul-
titude ; et depuis le triomphe du crime , par une
incroyable scission , cette constance dans le malheur , cette fermeté d'opinion , cette opposition

courageuse, soit ouvertement, soit par une force d'inertie souvent plus efficace que la résistance armée ; le mépris, la haine, l'horreur qu'inspirait, qu'inspire toujours le monstre, et par lesquels il fut terrassé autant que par les armées étrangères ; non, tout cela n'annonce pas un peuple déchu, un peuple sans ame et sans vertus, déjà frappé d'une sorte d'anéantissement moral ; et l'injustice est amère qui le rend responsable d'un attentat dont il ne fut que la victime (k).

Or, comment ce peuple, si grand il y a quelques mois, aurait-il si subitement changé ? Il serait moins ardent, moins généreux pour réparer que pour prévenir et combattre ses maux ? C'est peu vraisemblable, et je suis mieux fondé à croire que son zèle au contraire serait plus actif.

En effet, si fatigué, rebuté de vingt-cinq ans de guerres affreuses et de victoires sanglantes, néanmoins il s'arracha soudain aux douceurs d'une paix qu'il commençait à goûter, d'une paix si impatiemment désirée, et au premier signal d'alarmes, revêtit spontanément l'appareil des combats ; si des milliers de volontaires de tout âge et de tous états, se mirent à la disposition du ministre du Roi ; si l'on remarquait à leur tête un grand nombre de ceux-là même qui comptaient aux armées deux, trois, quatre et cinq remplaçans ; si notre plus chère espérance, les jeunes élèves des écoles, s'enrôlèrent effectivement ; si plusieurs départemens se levèrent en masse ; si, nonobstant une assurance royale, des millions furent offerts et en partie réalisés par des villes, des communes et des particuliers, certes la prévention serait étrange qui désespérerait d'une nation capable de tels efforts, et qu'on ne trouva jamais indocile à la voix de l'honneur et de la patrie, quand on voulut bien la lui faire entendre (*l*).

Trop long-temps agitée et malheureuse, cette nation a recouvré son Roi, et avec lui la stabilité et le repos. Ce Roi dont les aïeux affranchirent le peuple, et avec une constante sollicitude ne cessèrent de le protéger contre l'orgueil et la cupidité des grands, a suivi leurs traces ; il a repris et consommé d'abord cette œuvre des siècles, traversée par les tyrannies de vingt-cinq ans ; il a donné sa Charte, cette Charte conciliatrice, ce pont de l'abîme, si j'ose ainsi parler, entre le passé et l'avenir, qui restera le plus grand comme le premier de ses bienfaits. Ce bienfait est apprécié, il est chéri ; nos yeux le fixent avec complaisance ; on le regarde comme l'aurore du bonheur que nous prépare l'esprit de sagesse et de bonté présidant au conseil du Monarque. Raisonnons donc conséquemment : est-il probable que le Français qui tient aujourd'hui à son Roi par la triple attache de l'amour, **de** l'espoir, de la reconnaissance, qui, à travers tant de cruelles épreuves, tant de maux endurés, tant de crimes et de dangers, est miraculeusement arrivé à un Gouvernement tempéré ; est-il, dis-je, probable qu'il se refusât à un dernier sacrifice pour assurer ce bienfait de la Providence ? Quoi ! il reculerait quand il touche déjà au but ! il abandonnerait à de nouveaux hasards le vaisseau de l'État fracassé par tant de tempêtes ! Il voudrait, par un inconcevable vertige, perdre ou exposer encore ce qui lui a tant coûté ! ce que la plus dure expérience, une longue attente et des flots de sang lui ont appris à estimer ! Non encore, non : qu'on le mette seulement sur la voie ; qu'en excitant son enthousiasme on en ordonne les effets ; alors on verra jaillir de toutes parts l'étincelle patriotique ; on la verra s'allumer, croître, s'étendre, et bientôt tout embrâser : oui, on verra, on verra la nation transportée s'exécuter avec allégresse pour seconder son Roi, consolider le trône, soutenir son indépendance, et transmettre à ses descendans, avec l'orgueil de son nom, la liberté, que lui rapporta son Prince, et le bonheur, qu'elle poursuivit si long-temps en vain.

Que le corps des députés, ce corps respectable,

dont chaque membre en particulier prouve tant de caractères, de zèle, de désintéressement ; que ce corps, essentiellement national, atteigne à la hauteur de ses devoirs. Arbitre des destinées de la France, d'où peut-être dépend le sort de l'Europe et de la civilisation, quelle terrible responsabilité est assumée sur lui ! Jamais mission ne parut plus importante ni plus auguste. S'ils ont à ménager le bonheur et la tranquillité de leurs compatriotes, de leurs contemporains ; de la sagesse et du patriotisme de leurs délibérations, dépendent aussi la tranquillité et le bonheur de plusieurs générations et de diverses nations, et le présent et l'avenir leur demanderont également compte de ce qu'ils auront fait ou pu faire. Que ce corps prenne donc enfin une résolution digne de son ensemble, digne de la majesté de ses fonctions.

La défiance intimide, avilit l'homme ; elle dessèche dans son cœur jusqu'au germe de la vertu, que féconde au contraire et fait éclore une généreuse confiance. Que nos représentans se gardent donc d'un fatal découragement : il serait la mort de l'état, qu'ils sont appelés à ranimer et vivifier. Qu'ils osent plutôt, qu'ils osent tout espérer, tout demander de la nation ; et cette franchise, cette noble assurance, cette attente flatteuse lui rendront tout aisé.

Sur-tout point de demi-mesures, point de palliatif, point de composition avec les périls qui nous environnent, avec les maux auxquels nous sommes en proie : les maux sont trop graves, les dangers trop pressans pour ne comporter que des remèdes ordinaires. Jamais on ne transigea avec un ennemi qui n'en veut qu'à votre vie ; on amputa toujours le membre que dévore la gangrène. De même la France, ou tarira la source même de ses malheurs, ou y succombera tôt ou tard. Il faut, si l'on en appelle à notre générosité, qu'on l'excite toute entière. Des secours médiocres, abondans si l'on veut, mais disproportionnés aux besoins de l'État, seraient de peu d'effet ; sans cesse il y faudrait suppléer : et ces secours répétés, moins avantageux à la chose publique, nous coûteraient cependant plus qu'un grand sacrifice, mais unique et volontaire ; ils nous rebuteraient bientôt ; et sans fruit pour les mœurs, sans influence sur l'esprit national, notre avarice n'en serait qu'aigrie et irritée : la convalescence trop prolongée de l'état nous découragerait infailliblement, et son plein rétablissement deviendrait de plus en plus difficile.

Un grand mouvement, un mouvement général doit être donné : la France l'attend peut-être ; peut-être y est-elle déjà préparée : qu'on veuille enfin le communiquer. C'est du Gouvernement, c'est des deux chambres qu'il doit partir : à la seconde sur-tout en appartient l'impulsion ; seule, peut-être elle peut lui imprimer cette force irré-sistible, cette invincible rapidité, cette impétuo-sité dévorante qui entraînera tous les citoyens, ou pour mieux dire, les précipitera tous vers le centre commun, le but unique de la stabilité du trône, de la restauration et du salut de la nation.

Mais qu'on se hâte ; l'heure est sonnée ; l'occa-sion pourrait ne plus revenir : l'irritation de nos humeurs, la violence même de nos maux, sou-tiennent encore notre courage ; nous sommes encore en état de supporter aisément les remè-des les plus généreux. Qu'on le saisisse donc ce précieux moment. Si l'on attendait le calme, si on laissait se consumer nos forces dans une vaine agitation ; si l'accablement de la langueur s'était une fois emparé de nous....... Oh ! ma chère patrie ! oh ! douceur du nom français ! oh ! gloire antique de nos aïeux !..... Hélas ! tout serait perdu sans ressource : l'amour de l'Europe, l'orgueil de la civilisation, la France, déjà ne serait plus : bientôt un avide étranger s'établirait dans nos climats, partagerait et dévorerait nos fertiles provinces, arrosées du sang et des larmes de leurs malheureux habitans ; bientôt le génie de la destruction planerait sur les décombres de nos plus opulentes cités, et la grossière barbarie, traversant la terre des sciences et des beaux arts, brûlerait par-tout, ou foulerait, avec un affreux dédain, les innombrables chefs-d'œuvre du génie, en même temps que dans l'oubli elle replongerait les arts les plus utiles, les découvertes les plus importantes. Pour nous, Français, pour nous, heureux ceux que la mort aurait moissonnés sur un sol chéri ! Courbés sous le joug du despotisme, dépouillés, outragés par un féroce vainqueur, les survivans à la patrie expireraient dans le désespoir, après avoir épuisé jusqu'à la lie de la coupe amère que dès long-temps leur apprêta l'égoïsme. D'autres, cependant, dispersés sur de lointains rivages, dans ces stériles contrées de l'exil, réclameraient en vain le doux ciel qui les vit naître : les regrets et la misère fileraient aussi leurs jours.

Mais écartons de sinistres présages : la France sera sauvée, et le sera par ses vertus, par ses vertus elle sortira plus puissante et plus glorieuse de cette crise longue et terrible que tant de symptômes annonçaient mortelle. Son courage sera plus grand que ses revers, et ses efforts seront dignes d'elle.

Déjà du sein de l'assemblée des élus du peuple jusqu'aux extrémités du royaume, se fait entendre une voix noble et touchante. A l'autorité de la raison, l'orateur joint la chaleur et l'onction du

sentiment, et sa rapide éloquence électrise à la
fois et l'assemblée et la nation, et communique
par-tout le feu divin qui l'anime. Soit qu'il dis-
cute des intérêts particuliers, qui, bien combi-
nés, se confondent tous dans l'intérêt général ;
soit qu'il fasse dans les cœurs retentir la voix
douloureuse et déchirante de la patrie ; qu'il
ose, jetant la sonde dans la profondeur de ses
maux, qu'il ose en exprimer les besoins, et montrer la détresse, détailler la misère croissante du
peuple ; soit qu'il invoque les charmes de la vertu
et de la gloire, qui récompensent par des fruits
délicieux les peuples qui les cultivent, ou que,
peignant la difformité du vice sous le brillant des
formes qu'il sait emprunter, il dise les tourmens
et les dangers qui l'accompagnent et le punissent ;
qu'il confonde l'ignorante suffisance ou le savoir
superficiel de ses sectateurs ; qu'il démasque leur
perfidie, foudroyant à la fois et la vaine subti-
lité de leurs plus déliés argumens, et la stérilité
de leurs moyens, et l'audacieuse impudence de
leur cinisme : tout cède à la force de ses raisons,
à la vigueur de sa logique, à la vivacité de ses
images, à la sublime énergie de ses sentimens.
La conviction et la persuasion coulent de ses lè-
vres. Cet échafaudage honteux d'erreurs et de
doctrines perverses, ouvrage de la corruption,
de la démence, de l'abrutissement de l'esprit,

où , à l'abri de noms trop fatalement célèbres ,
se retranchait , se fortifiait le vice , s'ébranle à sa
voix et croule de toutes parts. Le bon sens rentre
dans tous ses droits ; la vérité brille enfin d'un
éclat pur : en vain le tortueux mensonge fuit sa
lumière qu'il ne saurait obscurcir et qu'il ne peut
éviter ; il en est frappé , pénétré , pulvérisé : le
cruel sarcasme , le piquant persifflage , ses protecteurs ordinaires , ne le savent plus défendre.
Froids et glacés, pour la première fois peut-être
en France , ils craignent de se montrer : un respect et une pudeur inconnus les étonnent , les
intimident et les désarment. Attérées par la sagesse, les passions se taisent , la vertu triomphe ,
et l'égoïsme a fait place dans tous les cœurs au
plus exquis patriotisme. L'assemblée prend soudain une résolution magnanime , qui rendra à
jamais célèbre cette session. La nation, ravie ,
bientôt, suit cet élan ; et par l'effort d'une mu-
nificence qui , dans nos fastes, n'eut point de
modèle , répond à l'appel patriotique et à l'exemple de son immortelle assemblée (*m*).

Ainsi l'abîme est comblé ; tous nos maux sont
effacés , toutes nos alarmes dissipées. L'ordre
moral se rétablit comme l'ordre physique. Une
aveugle admiration , un encens impie n'enivre-
ront plus le génie jusque dans ses plus coupables
écarts, ne le détourneront plus de sa primitive

et noble destination d'instruire les hommes, de les ravir et transporter en faveur de la vertu : le talent vicieux n'obtiendra plus que le mépris, et un blâme d'autant plus amer, qu'il sera plus élevé et plus dangereux. L'estime publique devient la récompense de l'homme de bien exclusivement. Jaloux de cet héritage bien plus que de l'autorité, des honneurs, des richesses, de toute la pompe des dignités, les magistrats et les divers fonctionnaires honorent leurs places, ne se montrant pas moins recommandables par une intacte probité, et par des mœurs irréprochables, que par leurs connaissances. Tous les Français n'ont plus qu'un esprit, qu'un cœur, qu'un désir, ne font qu'un enfin. La France restera France ; aucune de nos belles provinces ne deviendra la proie d'un voisin ambitieux ou jaloux. Fidèles à la foi des traités, nous avons acquitté les charges énormes que l'Europe conjurée nous imposa avec tant de rigueur, tant d'injustice peut-être : nous les avons acquittées, non point avec les larmes et les sueurs des malheureux, non point avec ce pain noir et grossier dont l'indigent a peine à soutenir sa vie, mais par les ressources de notre mâle vertu. Qu'ils s'applaudissent de nos revers, ces peuples qui s'étaient proclamés, et que nous crûmes amis ; qu'ils en jouissent de nos dépouilles : puissent-elles ne les pas corrompre, et ne pas nous trop venger d'une conduite que l'histoire qualifiera !

Quant à nous, moins appauvris par nos sacrifices qu'enrichis de patriotisme, chérissons, chérissons toujours l'honorable simplicité où nous ramena la vertu : attachons - nous à la solide gloire, qui ne fut jamais celle du luxe ni des conquêtes. Sous une forme de Gouvernement qui nous a tant coûté à établir, sous un Roi adoré, sous des Princes que chaque jour rend plus chers à la France, savourons les délices de la paix, fécondons les vertus qui nous sauvèrent. Les grands empires ne sont ni les mieux gouvernés, hélas ! ni les plus durables. Loin de nous donc une pernicieuse ambition ! Renfermés dans notre territoire, sans inquiéter nos voisins, maintenons seulement nos limites : malheur à qui oserait les violer ! Les peuples les plus modérés et les plus justes sont aussi les plus invincibles : nous en serions au besoin une nouvelle preuve. Mais que plutôt la céleste concorde règne sur l'Europe ! que ces orages s'appaisent et se dissipent, qui ont bouleversé vingt-cinq ans cette belle partie du globe ; et que la mémoire de tous leurs maux serve seulement aux nations à mieux sentir les charmes de l'union et les bienfaits d'une paix désormais solide !

Je reviens aux électeurs, que j'ai long-temps

oubliés, mais non sans dessein, et qui doivent être attachés par le soin de leur fortune, indépendamment de tout autre motif, au maintien de l'ordre public et des constitutions établies, intéressés par conséquent à ne déléguer au corps législatif que de bons citoyens, des hommes modérés et vertueux autant qu'éclairés.

Pour les trouver ces électeurs, qu'a-t-on besoin d'assemblées primaires, où triomphèrent tant de fois la brigue et la corruption ? ne suffirait-il pas des rôles de la contribution foncière et des patentes (*n*) ? Que quiconque est âgé de trente, ou trente-cinq, ou quarante ans, plus ou moins, et a l'exercice de ses droits civils, soit électeur de droit, s'il paye, par exemple, pour les colléges d'arrondissement, 200 fr. de contribution, ou une patente de...., et pour les colléges de département 600 fr. de contribution, ou une patente de...., sans préjudice des précautions que la loi pourrait prendre pour empêcher la cohue dans ces assemblées (1), et en écarter les individus indignes, par leurs mœurs, leurs principes et leur conduite, d'y figurer.

Je voudrais, en outre, qu'on reportât à quarante, ou du moins à trente-six ans, l'âge requis

---

(1) Voy. ci-après, pag. 57, la note supplémentaire (*a*).

pour la députation (il en fallait cinquante à Athè-
nes pour haranguer sur la place publique). L'homme est bien jeune à vingt-cinq ans. Encore près
de cet âge, je sens trop combien ses passions le
gouvernent, combien aisément il est dupe de
leurs illusions ! et tout ce qu'on a allégué en sa
faveur est moins solide que brillant. D'ailleurs,
à l'entrée presque de la vie (j'entends de la vie
de la raison), je le demande, peut-on déjà avoir
acquis et digéré cette étendue de connaissances,
toujours utiles, et souvent nécessaires dans des
fonctions aussi importantes ? Aura-t-on cette ma-
turité de jugement et de réflexion, cette solidité
de principes, cette expérience des hommes et des
affaires, cette vaste capacité, ce coup-d'œil rapide, prévoyant et sûr, cette force d'ame et de
raison, qui caractérisent le véritable homme d'É-
tat ? Aura-t-on, sur-tout, ce calme qui sait écouter, cette modération qui pèse avec sang-froid,
juge avec discernement, éclaire et termine les
débats de la discussion ? Ne répondre que par
des exceptions, c'est évidemment résoudre la
question contre soi-même.

Ici je m'arrête : je termine une tâche trop importante, trop au-dessus de mes forces, et que je
m'imposai avec un zèle qui ne fut que téméraire.

Si, en m'appesantissant sur des réflexions ba-
nales, je n'ai fait qu'effleurer au contraire des

idées d'un ordre plus relevé et susceptibles de développemens utiles, n'accusez que mon incapacité. C'est, en effet, le sentiment de toute mon insuffisance, qui me fait laisser à des plumes exercées et éloquentes, à des hommes instruits, doués du génie et du talent, le soin d'approfondir ces hautes questions politiques, qu'il ne m'appartenait même pas d'aborder, et leur abandonner le bonheur de persuader ces grandes vérités, proclamées par les sages de tous les siècles, et que pratiquèrent les hommes d'État les plus habiles ; vérités aujourd'hui méprisées, et jouet ridicule du vice ou du demi-savoir. Heureux si, par leur secours, elles triomphent ces vérités bienfaisantes, dépositaires du bonheur de l'homme en particulier, et la source abondante de la prospérité des États, je verrai, plein de joie, atteindre par d'autres le but glorieux que je ne sus qu'entrevoir, et jouirai comme eux de leur ouvrage.

FIN.

NOTES.

(a) Ces sentimens ne se commandent pas ; ils sont le fruit des bonnes mœurs, que de sages institutions inspirent insensiblement.

Voyez, sur la nécessité des mœurs pour la prospérité et la sûreté des États, sur les moyens de les entretenir, sur les précautions à prendre pour les faire renaître, etc., etc., les entretiens de Phocion, par l'abbé Mably. Cet ouvrage court et substantiel, où la vertu respire, est aussi bien écrit que sagement pensé. La lecture en est délicieuse, et serait bien utile aujourd'hui pour rectifier nos idées politiques.

(b) Ce désordre est la suite naturelle du trouble que les passions, qui nous gouvernent seules, apportent dans notre ame.

(c) De tous les temps, la guerre fut la terreur des mères. Mais tout change : et l'on en compte aujourd'hui qui regrettent ce fléau terrible. L'ambitieuse impatience de l'avancement de leurs enfans, a endurci leur ame et amorti le plus doux et le plus fort peut-être des sentimens de leur cœur.

(d) Les gouvernemens sont comme les hommes : le meilleur de tous est le moins imparfait. Mais puisqu'ils sont l'ouvrage des hommes, que ce sont des hommes qui en font visiblement, ou par des voies détournées, jouer les ressorts, celui-là aura toute la perfection possible, dont les magistrats civils et militaires, les divers fonctionnaires, en un mot, tous ceux qui prennent part à

son action , depuis le chef suprême jusqu'au simple garde , seront gens de bien , et entourés de gens de bien ,
qui eux-mêmes ne fréquenteront que des gens de bien ,
dont la société aussi ne sera que de gens de bien , lesquels encore n'auront de relation qu'avec des gens de
bien , et ainsi de suite indéfiniment , de manière que
toute influence , même la plus indirecte , la plus éloignée
et la plus insensible , sur les affaires publiques , soit ôtée
au vice. Alors aucun intérêt particulier ne prévalant sur
l'intérêt général , ce gouvernement , n'importe la forme ,
serait nécessairement aussi bon que simple et facile.
Ainsi , voulons-nous donner quelque réalité à notre chimère ? Réglons nos passions , extirpons nos vices , oc-
cupons et élevons notre esprit par l'étude et par la con-
templation des vérités auxquelles il nous est donné d'atteindre ; qu'un travail utile , des exercices salutaires
écartent l'oisiveté , fortifient nos corps , remparent ħotre
ame ; exerçons-nous enfin à la vertu , bien sûrs que chaque pas que nous ferons vers la perfection fera faire un
pas semblable au Gouvernement.

(e) Depuis que j'écrivais ceci, en 1815, la disposition
des esprits a beaucoup changé : la raison commence à se
faire entendre, la réflexion a amené le calme, le Gouvernement a immensément gagné, parce qu'il est mieux
connu : une seule année a détruit force préventions, et
changé, en zélés partisans de la charte, un bon nombre
des détracteurs du régime constitutionnel. Le préjugé
en faveur de nos antiques institutions va s'affaiblissant
chaque jour.

Convenons pourtant qu'elle était belle et forte, malgré son défaut d'ensemble, et les abus qui s'y glissèrent,
cette constitution qui resta debout au milieu des crises

et des secousses de tant de siècles ; qui protégea et vit passer des milliers de générations ; à l'ombre de laquelle on vit s'élever la France, brillante de gloire, de puissance et de splendeur ; dont enfin la chute a retenti avec tant de fracas, et a ébranlé toutes les parties du monde connu.

Mais d'autres temps, d'autres mœurs. Quel qu'excellent que fût l'ancien Gouvernement, libre dans le fait, quoique arbitraire dans la forme, je doute qu'à aucune de ces dernières époques, il eût été possible, comme je l'ai entendu soutenir, de le rétablir. Nos pères, avec les mœurs simples et agrestes, et les besoins bornés d'une civilisation dans l'enfance, jouissaient du présent, sans inquiétude de l'avenir ; ils s'attachaient à ce qui était, et non à ce qui pouvait être. Nous, au contraire, dont les mœurs sont plus que relâchées, dont les besoins sont multipliés, et les plaisirs très-raffinés ; nous, beaucoup plus éclairés, et cependant moins sages, nous vivons dans l'avenir plus que dans le présent, et notre soucieuse prévoyance parcourt, espère ou craint tous les possibles. Je suis persuadé qu'au contraire de nos aïeux, heureux et contens de leur liberté présente, nous préférerions une indépendance légale avec un despotisme de fait, si ce n'était deux choses incompatibles.

Concluons que ce Gouvernement est sage et prudent, autant que paternel, qui, au lieu de les heurter, se conforme aux goûts, aux mœurs et à l'esprit du temps : il est bien plus sûr de les diriger et de les rectifier.

(*f*) Il est certain que la conduite du Roi est amèrement censurée même par ceux qu'il comble le plus de grâces et de faveurs. Il semble à certaines gens que ce Prince ne devrait, Roi pour eux seuls, s'occuper jamais que de leurs seuls intérêts, et y tout rapporter ; qu'il ne devrait être le père que de quelques-uns de ses sujets, et non pas de tout son peuple. Chacun, selon le préjugé qu'il a adopté, ou l'intérêt qui le domine, se plaint du Gouvernement, le blâmant de faire trop ou trop peu : nul ne veut entrer dans sa position : par-tout des clameurs et des murmures. Ceux-ci méconnaissent la justice ; ceux-là s'emportent contre la clémence ; et ces vertus du cœur des grands Princes, ces dons tout célestes, on les relègue et les proscrit.

Ah ! que du moins l'approbation générale, le respect et l'amour de son peuple le consolent, ce bon Roi, des plaintes intéressées et indiscrètes de cette tourbe pitoyable de censeurs ! qu'ils lui soient un dédommagement de ses nombreux sacrifices, un adoucissement des privations de tout genre que lui et son auguste famille s'imposent à l'envi, pour avancer le jour du bonheur dont ils nous ont déjà fait entrevoir l'aurore ! Heureux si, au milieu de ses veilles et de ses travaux, à travers les soucis qui assiégent son trône, nous venions dilater son grand cœur, endormir et charmer ses peines, en faisant, aux yeux de l'Europe, éclater nos vertus, et briller souvent des traits pareils à celui de ce garde royal de 1815, dont le nom sans doute ne sera pas perdu pour l'histoire.

Ce brave est un simple artisan que l'amour de son Roi et de sa patrie, seul, rangea sous les drapeaux du Prince qu'idolâtre le midi. Son dévouement fut pur de tout mélange, et la malignité jalouse n'a découvert aucune tache dans le secret des ses intentions. Né et resté dans les derniers rangs de la société, à l'abri de cette obscurité, il n'avait personnellement rien à attendre de l'issue des événemens dont la France était le malheureux théâtre. Aucun intérêt caché, aucun secret motif, ni espérance, ni crainte, ni ambition, ni respect humain n'entrèrent donc dans sa détermination, et ne diminuent, aux yeux du plus sévère scrutateur, le mérite de sa conduite.

Percé de coups à Arpaillargues, et, quinze mois après, assigné devant le Tribunal qui informe contre ses assassins, il découvre ses cicatrices. Cette vue, le calme et la modestie de la victime étonnent le juge qui lui demande s'il n'a pas obtenu une pension : lui répond naïvement : « Comment voulez-vous que je demande quelque chose au Prince ! Je lui sacrifiai ma vie ; mon
» père et moi ne possédons qu'une petite maison, dont
» nous avons offert au Roi le revenu pendant deux ans :
» on ne donne pas d'une main pour prendre de l'autre ».
Ce trait touchant enlève l'ame. Un pauvre perruquier !..... Quel exemple !! quelle censure !!.....

(g) L'extension donnée au droit terrible de la guerre ; l'atrocité avec laquelle on la fait aujourd'hui ; l'abus de la victoire, le droit des nations méconnu ou méprisé ; le machiavélisme de certains gouvernemens ; l'égoïsme de tous ; les aberrations de leur politique toujours incertaine et flottante, parce qu'elle n'a plus ni règles ni principes fixes ; et ce qui est non moins déplorable, le génie et le talent prostitués à pervertir la raison publique, à exalter le crime heureux et l'erreur brillante aux dépens de la vérité et de la saine morale : cela seul ne prouverait-il point le pas rétrograde de la société européenne ?

(h) « Ayez toujours devant les yeux que, sans les
» mœurs, les lois sont inutiles ; on n'y obéira pas. N'oubliez jamais que ce sont les vertus domestiques qui
» font les mœurs publiques. Soyez persuadé que la vertu
» seule peut rendre un état constamment heureux et

» florissant. l'ambition, l'injustice, l'intrigue, l'artifice,
» les richesses, la force, la violence peuvent procurer
» quelque succès ; mais il est passager, et les suites en
» sont toujours funestes ».

Mably, *entret. de Phoc.*, 5.e *entretien.*

(i) « Qui n'étudie pas l'art d'être heureux à peu de
» frais, ne sera jamais heureux ». *Idem.*

Aucune personne sensée et réfléchie ne contestera la
vérité de ce principe, que j'ai jugé à propos de mettre
en tête de cette note.

Si les riches et toutes les personnes aisées du royaume, marchant sur les traces du Roi et de nos Princes, qui, dans la détresse de la patrie, peu contens
de lui abandonner deux cinquièmes de leurs revenus,
consacrent encore la moitié de ce qui leur reste à
des actes de bienfaisance ; si, dis-je, les grands et les
riches, en s'imposant aussi quelques privations, sacri-
fiaient à l'état seulement un cinquième de leurs ren-
tes, il serait, je pense, suffisant pour acquitter avant
peu, outre l'indemnité des étrangers, les autres dettes
du Gouvernement : mais, à coup sûr, ou je m'abuse
bien fort sur les sentimens de la moyenne classe, les
citoyens moins favorisés de la fortune ne verraient pas
en vain cet exemple, et ne feraient pas, proportion gar-
dée, de moindres sacrifices. Alors l'état au pair, et plus
qu'au pair, le luxe attéré, les mœurs sensiblement amé-
liorées, nous pourrions compter sur un bonheur dura-
ble. Le peuple vivrait facilement et commodément de son
travail, parce que la diminution des impôts, la baisse du
prix des denrées, et sur-tout le retour à des mœurs simples et pures, compenseraient avantageusement l'abondance du numéraire.

Au lieu que je ne puis concevoir comment on pourra suffire à tant de charges, par le seul moyen des impôts, sous lesquels gémit déjà le peuple, et qu'avant peu il lui sera impossible d'acquitter.

Chacun a sa manière d'envisager les choses. Quant à moi je ne vois de salut pour nous que dans notre patriotisme. La misère des campagnes touche à son comble, celle des villes en approche tous les jours, (1) et cela

---

(1) Je ne parle que de la misère des provinces : il peut en être autrement de la capitale et de ses environs, ce qui, comme il n'arrive que trop souvent, donnerait au Gouvernement une idée bien fausse de la situation réelle du Royaume, et le tiendrait dans une dangereuse sécurité. On juge d'après ce qu'on voit autour de soi, d'après ce qu'on a journellement sous les yeux ; on conclut ensuite du particulier au général : et il est bien malaisé de s'en défendre. C'est que les rapports lointains qui arrivent sont presque tous inexacts, soit dans le fait, soit dans les circonstances, et le plus souvent dictés par des intérêts personnels ou de localité, par le préjugé et la manière de voir particulière de l'auteur : d'autres fois l'homme en place que l'on consulte, à qui l'on demande des renseignemens et des détails, plus jaloux de faire sa cour que soucieux du bien public, oublie les devoirs de son ministère, et trahit sans remords la confiance de l'autorité supérieure. Il flatte pour être flatté ; il ne cherche qu'à se faire valoir, qu'à étaler son habileté. Ainsi il dissimule certains faits ; il en affaiblit d'autres, et leur assigne à son gré telle ou telle cause ; il éclaircit ou rembrunit à volonté ses couleurs. Que lui importe la réalité, pourvu qu'il parvienne à en imposer par des apparences qui lui soient favorables, qui chatouillent sa vanité, qui servent à son ambition ? Il arrive aussi quelquefois qu'on s'abuse soi-même, qu'on est le jouet de sa propre illusion : tel croit ne suivre que l'impulsion du devoir, alors que ses préventions personnelles et les passions de ses complaisans le conduisent seules.

De tout cela, une foule d'erreurs et d'abus ; tant de faux calculs et de mécomptes ; des lois dures, injustes, difficiles ou même

me fait peur. Je crains le désespoir de ces malheureux dont la foule va se grossissant d'une manière effrayante ; qui, quelque chose qui arrive, ne risquent rien qu'une vie à charge, et n'ont qu'à espérer dans le désordre et dans le trouble, d'autant plus que la malveillance affectant une compassion perfide, grossit encore et exagère le nombre et la misère des malheureux, et cherche à s'en prévaloir pour jeter de l'odieux sur le Roi et les Princes, dont tous les soins n'ont d'autre objet que de guérir ou soulager des maux auxquels ils furent toujours étrangers, et qui sans eux seraient encore plus accablans. Je voudrais donc prévenir, sans perte de temps, des excès que nous ne pourrions pas arrêter, qui compromettraient peut-être pour la dernière fois, l'existence politique de la France. Que les riches, les propriétaires, les gens en place, et généralement tous ceux qui ont un rang, un état, une existence dans le

---

impossibles à exécuter ; des mesures inconvenantes, illusoires, vexatoires ; enfin, toutes les entraves, tous les dangers que rencontre l'administration particulière des provinces, et qui bientôt gênent et arrêtent l'administration générale. Ces lois cependant et ces mesures avaient été suggérées par un esprit d'équité et d'humanité, par un désir sincère du bien public. Tant les difficultés sont grandes qui empêchent à la vérité de percer jusqu'aux chefs d'un Gouvernement quelconque, si éclairé et bien intentionné qu'on le suppose ! Cet abus, de tous les temps, de tous les pays, doit vivre autant que le monde, tant que les gouvernans ne seront que des hommes, qui ne pourront par conséquent tout voir par leurs yeux. Sous un Roi sage, et qui connaît les hommes, la liberté de la presse, sans doute, peut lui porter les plus grands coups ; de bonnes mœurs l'affaibliront davantage encore ; mais dans aucun cas possible on ne saurait l'extirper tout à fait.

monde, qui jouissent des plus grands avantages de la société, viennent à son secours; c'est à eux à en soutenir et réparer l'édifice. Qu'ils se hâtent de soulager tant d'être souffrans, dont le tableau leur rendrait amères toutes leurs délices, s'ils n'en fuyaient avec soin l'importunité. Ce n'est pas l'humanité seule qui réclame ici, mais l'honneur, la gloire et l'intérêt. En allégeant la misère publique, en en arrêtant tout à fait le cours, ils affermiront le peuple dans son amour pour nos Princes légitimes; ils déconcerteront tout à fait les méchans, et ils consolideront la restauration, s'associant en quelque sorte à la Providence, dont l'invisible main conduisit seule ce grand ouvrage; enfin, moyennant l'abandon volontaire d'un excédant de revenu, ils assureront à eux et à leurs enfans la jouissance paisible de leur fortune.

Quelques personnes, bien intentionnées d'ailleurs, prétendent que c'est à coup de canons que nous devrions acquitter les huit cent millions; mais il me semble que c'est se tromper sur la cause et les résultats de cette nouvelle guerre qu'appelle leur imprudence. D'abord la cause serait injuste, s'il est vrai qu'il soit d'une nation forte et civilisée de remplir ses engagemens et de respecter la foi des traités. Quant au résultat, il est permis de douter que, dans la position où nous nous trouvons, il nous fût aussi favorable qu'ils l'imaginent. Mais en le supposant tel en définitive, compensation faite de toutes les dépenses, de tous les maux publics et privés qu'entraîne la guerre, même la plus heureusement terminée, commencée et soutenue sur le territoire étranger, est-il bien prouvé que le sang français eût utilement rougi nos sillons, et que nous n'eussions pas payé très-cher nos apparens avantages? Or, que serait-ce donc de nous, dans l'hypothèse contraire, si le hasard des combats trompait notre courage et notre attente, et se déclarait en faveur de nos ennemis ?

Une considération qui seule, à moins d'agression étrangère, devrait maintenir la paix jurée, c'est l'intérêt des mœurs et de la morale, qui se relâchent toujours et se dépravent dans l'état de guerre, et que nous avons un intérêt si pressant de rétablir.

(j) C'est des ventes des biens nationaux que j'entends parler. Je crois que des transactions sur cet objet entre les anciens et les nouveaux propriétaires, seraient le meilleur moyen de les réconcilier, et d'appaiser ces haines qui autrement peuvent vivre encore long-temps. Mais, puisque le retour de nos Princes légitimes, en comblant tous les vœux, n'a pu néanmoins pacifier les cœurs, qu'il n'a fait au contraire que les ulcérer par des craintes et des espérances également insensées, que réveiller des prétentions abandonnées depuis long-temps ; puisque l'amour, puisque le respect pour le plus sage des Rois n'ont pu prévaloir dans des ames dégénérées, que possède l'avarice et où domine l'ambition ; que le royalisme n'est là que le manteau de l'égoïsme ; puisque...... puisque........ ; c'est au patriotisme qu'il faut ressusciter ou faire naître chez nous, à préparer et à amener petit à petit ces réconciliations que demande le bien public, et où chacune des parties contractantes trouverait son intérêt particulier.

Quelque valide en effet que soit le titre des acqué-reurs, puisqu'il est fondé sur des lois, lois iniques, lois barbares, il est vrai, mais lois cependant, et par conséquent exécutoires, suivant le principe de l'inviolabilité des lois positives, quel qu'en soit l'objet et la rigueur (1) ; que d'ailleurs ce principe conservateur des sociétés , est appuyé ici par une masse de circonstances qui lui donnent un poids et une force qu'on ne saurait heurter sans ébranler tout l'État , sans y causer une commotion dont on ne peut sans frayeur envisager les suites ; circonstances qui sont, entre autres, la possession paisible des détenteurs durant la longue période d'un quart de siècle ; le repos de plusieurs milliers de familles , la plupart originairement étrangères à l'acquisition ; les recours à l'infini après tant de mutations , de partages , de mariages, d'engagemens divers contractés sous la foi de ces lois ; des procès sans fin avec d'incalculables ramifications ; enfin toute la France en combustion , et semblable à une espèce d'arène , où chaque contendant , soutenu d'abord de ses parens et de ses amis , entraînerait de proche en proche tous les citoyens dans cette querelle , qui insensiblement deviendrait une guerre civile. Je ne parle pas de l'hommage volontaire et solennel rendu au même principe , dans la charte prévoyante d'un Roi pénetré des devoirs de la royauté, lequel, sans hésiter entre l'intérêt public et des affections particulières , s'est refusé à déchirer l'État par de nouvelles blessures , dans l'espoir incertain de cicatriser des plaies déjà faites , pansées par les ans, et aujourd'hui à demi fermées : cependant c'est moins par la contrainte de l'impérieuse nécessité , cette reine des rois , que par l'ascendant , l'entraînement de la sagesse , par le sentiment réfléchi d'une équité profonde et raisonnée , que la passion seule s'obstine à mécon-

---

(1) *Dura lex , sed lex.*

naître, qu'il a, ce vertueux Monarque, consacré des lois spoliatrices dont lui, personnellement, les Princes de son sang, tous ses serviteurs les plus chers ont été les principales victimes. C'est que, d'après l'état actuel des choses, il ne pouvait, que par une grande injustice présente, suivie de malheurs encore plus grands, réparer une grande injustice consommée, et quelques-uns des maux du passé. Ainsi, placé entre deux écueils, ses lumières et son amour pour son peuple l'ont détourné du plus dangereux. Je dis donc que, quelque valide que soit le titre des acquéreurs, leurs biens néanmoins ont toujours été et seront probablement encore long-temps frappés d'une extrême défaveur : car c'est ainsi que l'opinion publique a vengé la justice et trompé les calculs de la cupidité.

On peut assigner deux causes principales de cette défaveur : la première est la vileté du prix de l'acquisition, qui naturellement a dû inspirer la crainte que le Gouvernement, si énormément lésé, n'exigeât, tôt ou tard, des détenteurs un supplément de prix ; la seconde est le déplaisir de posséder un bien d'une origine si déplorable.

D'un autre côté, l'obstacle qui ferme aux anciens propriétaires toute espérance de rétablissement dans leurs fonds aliénés, étant insurmontable, et tel que chaque jour ajoute à sa puissance, les plus sensés d'entr'eux ont sacrifié de bonne grâce à la nécessité : mais d'autres, et ce ne sont pas d'ordinaire les plus à plaindre, nourrissent toujours une confiance illusoire ; ils exhalent des regrets superflus qui les dégradent, qui accuseraient presque la pureté de leur dévouement. Hélas ! quoi qu'ils en disent ou qu'ils en pensent, quoiqu'on écrive pour eux, malgré les déclamations et les raisons trop spécieuses des défenseurs de leur cause, il est des maux dans les révolutions qui ne se réparent jamais, les leurs sont de ce nombre, et beaucoup, beaucoup d'autres encore. Nous n'avons que trop l'expérience que ce qui paraît beau, juste et facile en théorie et par abstraction, souvent est injuste, dangereux et impossible à exécuter. La justice absolue qu'on invoque contre des lois écrites, reçues et exécutées, ne sera jamais pour un être aussi borné que l'homme, qu'une pure chimère, un songe vain et fantastique, comme la liberté et l'égalité proclamées par nos démagogues révolutionnaires. Heureux du moins quand à la suite des révolutions, arrive un bon Prince, pour tempérer et adoucir ces maux irréparables !

Si donc il était un moyen qui, sans rien coûter aux acquéreurs, purifiât leur titre, en même temps qu'il procurerait aux anciens propriétaires une indemnité qu'ils ne peuvent exiger, et terminât ainsi entr'eux, à l'amiable, cette honteuse querelle, tous auraient évidemment intérêt de le saisir. Hé bien, que les premiers donnent, à titre de supplément de prix, aux seconds, moyennant ratification par ceux-ci de l'acte d'aliénation, le montant de la moins valeur de leurs biens, comparativement aux domaines patrimoniaux. Ce sacrifice, qui serait une amélioration réelle du sort des anciens propriétaires, ne serait qu'apparent de la part de ceux qui le feraient, parce que le surcroît de valeur qu'en éprouverait leur propriété, en serait l'équivalent.

Nul doute que le Gouvernement actuel, que la nation toute entière, ne vît avec une vive joie, ne favorisât de tout son pouvoir ces sortes de traités (1) , qui seraient un nœud de concorde , un ciment de réconciliation entre ces enfans de la France, qui la désolèrent et qui l'affligent encore par leurs divisions. Ceux qui, de part et d'autre se prêteraient franchement à un arrangement essentiellement patriotique , trouveraient dans l'approbation générale , l'estime publique , la satisfaction du Roi et des Princes, leur récompense la plus flatteuse et la plus sensible. De plus, au lieu de ces aigres et fastidieuses récriminations , de l'agitation, la crainte, le mal-aise ; de ce poids secret , inséparable compagnon de la haine , ils éprouveraient un bien-être moral inexprimable ; la douce bienveillance , le contentement intérieur, le calme et la paix de l'ame, en un mot, tous les sentimens les plus délicieux , et sans lesquels il n'est pas de bonheur, habiteraient chez eux. En même temps une censure sévère, un mépris fondé du public et français, et même étranger ; l'inquiétude atrabilaire du ressentiment, le regret, le dépit, les chagrins feraient raison de ceux qui, sous de vains prétextes et d'orgueilleuses apparences , sous l'affectation du désintéressement et des grands sentimens, chercheraient à déguiser le refus de l'avarice, la bassesse de l'ame, la petitesse d'esprit.

(k) Si cette opposition , diront quelques-uns , eût

---

(1) Dans plusieurs départemens , et notamment dans celui du Nord, la plupart des acquéreurs traitèrent dès la rentrée des émigrés. Ce fait , qui honore ces départemens , se retrouve aussi dans tous les autres , mais il y est rare ; c'est que trop d'avarice , trop d'exigence et de hauteur éloignent souvent des parties qu'un intérêt réciproque devrait rapprocher.

été aussi générale , Bonaparte ne l'eût pas emporté ; il n'aurait pas, avec une poignée de soldats, renversé, sans coup férir, un Gouvernement établi, protégé par toute une grande nation : Eh quoi ! avec quinze cents hommes, triomphe-t-on, en courant, de 25 millions d'habitans ? Sans doute, et même sans un grand effort de génie, lorsque la trahison, le parjure et tout leur infernal cortége vous ont d'avance aplani les voies ; lorsque les corps constitués à la défense de l'Etat, se déclarent contre lui, et le surprennent ainsi dépourvu, sans défense, et stupéfait de la défection la plus incroyable : car on est encore à concevoir une si étrange scission. Qu'une soldatesque étrangère et mercenaire, se mette à l'enchère pour ainsi dire, et change de parti au gré de son intérêt, qui est son seul mobile, ce n'est pas nouveau : mais des Français, des fils de citoyen, les enfans les plus chers de la France, tourner contre elle des armes parricides ! renoncer au noble titre de défenseurs de la Patrie, pour devenir les satellites de son oppresseur ! abandonner un Roi magnanime qui les aimait et admirait, qui ne se complaisait qu'en eux, pour être les stipendiés d'un lâche tyran qui ne sut jamais que les immoler à son ambition et à sa jalousie, que les délaisser dans le danger, que les calomnier, et accuser jusqu'à leur valeur, cette valeur brillante qui étonna l'Europe, à qui il dut toutes ses victoires, et qui est demeurée intacte au milieu des revers dont il est tout seul l'auteur ! Cela ne peut s'expliquer. Sans doute que le génie, ennemi de la France, souffla sur eux ; répandit dans leurs rangs ce vertige contagieux qui les emporta : il les trompa et les égara, ne pouvant les corrompre : il les frappa d'aveuglement, et leur fit un instant méconnaître le Roi qu'adore la France, qu'ils chérissent eux-mêmes et vénèrent aujourd'hui aussi franchement que pas un. Mais que cet instant nous a coûté cher ! que du moins les maux qui s'en sont suivis, n'ont-ils disparu avec l'erreur de nos malheureux guerriers !

Il n'est donc pas si étonnant que dans le premier moment de l'étonnement et de l'affliction, la France entière ait subi un joug momentané : elle a été enchaînée, non par le tyran et la bande qui l'entourait ; mais par ses protecteurs naturels, par ceux-là même qu'elle avait armés, qui étaient les siens, qui ne devaient obéir qu'à elle , ne reconnaître que ses ordres, et mourir pour la défense de ses droits , de sa constitution , de sa liberté.

(l) Le Prince, dans une occasion mémorable, rendit peut-être plus de justice à son peuple, quand il dit qu'un Roi de France ne désespérait jamais avec des Français.

(m) Je suppose que l'assemblée ait délibéré et adopté le projet d'arrêter le cours de la misère publique au moyen de dons volontaires , qui rempliraient les diverses obligations de l'Etat ; qu'ensuite le Gouvernement, dans une proclamation énergique et touchante , et pleine de confiance, adressée à la nation , lui propose le projet et l'exemple de ses députés ; qu'on ouvre, en conséquence, dans les chefs-lieux d'arrondissement et même de canton, un registre où chacun serait invité à souscrire pour une somme proportionnée à ses facultés , et payable aux époques qu'il déterminerait ; que tous les mois , au moins , copie de ce registre soit envoyée à une commission établie au chef-lieu du département ,

pour de là être transmise au Gouvernement ; que la liste alphabétique des donateurs, avec le relevé des sommes, soient insérés dans le Journal départemental , et publié officiellement dans ceux de la capitale ; que ces listes soient déposées et religieusement conservées dans les archives de la nation ; que le produit de ces dons soit sacré ; que l'être vil qui en violerait la caisse , soit déclaré sacrilége et exemplairement puni ; que les fonds arrivent intacts au trésor royal , et francs de toute remise pour les comptables qui auraient l'honneur d'en être un instant dépositaires ; francs encore de toute dépense d'administration et de comptabilité , dépense modique que supporteraient volontiers les administrateurs , ou qu'on mettrait à la charge de la commune.

Je ne sais si je m'abuse , mais j'ai la confiance qu'alors aucun de ceux qui ne seraient pas dans une impuissance absolue , ne se dispenseraient de concourir au soulagement de la patrie. Il est plus de bons Français qu'on ne croit peut-être ; d'ailleurs l'exemple serait contagieux , il entraînerait bientôt jusqu'à l'avarice. L'allégement de l'Etat ne serait pas le seul avantage que ce moyen procurerait au Gouvernement ; il lui donnerait des sentimens de chacun la mesure la moins équivoque qu'on en puisse avoir , et lui ferait distinguer les bons citoyens , les amis sincères du Roi , ceux qui chérissent réellement leur patrie. La brigue , la cabale , les préventions cesseraient de paraître : Eh ! quel avantage pour un Gouvernement qui veut le bien, de n'être plus obsédé de ces pestes publiques ; de voir tomber le rideau qui dérobe le vrai mérite à l'attention des Souverains ! L'amélioration des mœurs s'ensuivrait bientôt. Peut-être une ambitieuse ostentation serait-elle le secret motif de

(56)

quelques offrandes ; mais le patriotisme , qui existe chez nous , et qu'il ne faut que provoquer et diriger , oui, le patriotisme triompherait bientôt , et régnerait dans tous les cœurs. Nous voudrions tous prouver notre attachement au trône , notre amour du bien public ; nous ne disputerions que de vertus. Une noble émulation , une loyauté franche remplaceraient désormais cette basse jalousie , cette haine sourde , cette dissimulation peu française , qui subsistent entre un grand nombre de citoyens : aux petitesses d'une vanité pointilleuse et susceptible à l'excès, nous verrions succéder la fierté des sentimens, qui , sans blesser personne , impose néanmoins et commande le respect.

Je le répéterai jusqu'à satiété : La misère publique est extrême ; le nombre des malheureux croît tous les jours d'une manière effrayante : Qu'on ne s'abuse pas plus long-temps : bientôt le peuple sera dans une entière impossibilité d'acquitter ses charges ; beaucoup se sont obérés cette année , pour alimenter leur famille , et ont consumé d'avance les ressources de plusieurs années.

Plus j'y réfléchis donc , et plus se fortifie en moi cette conviction que le patriotisme seul peut nous sauver : qu'on se hâte de l'exciter : beaucoup n'attendent que cela ; oui, j'en sais qui, bien que très-peu aisés, n'attendent, pour porter leur offrande , qu'une invitation générale , et franchement exprimée, afin de ne paraître pas isolés, et de ne pas se gêner beaucoup en pure perte, ou à peu près, pour l'état. J'ignore si , pour atteindre au but proposé, le moyen que je viens d'indiquer serait assez efficace : mais ce n'est qu'un sur mille ; que coûterait-il d'en essayer un?

L'établissement d'un ordre, proposé par un publiciste

célèbre, ne mériterait-il pas quelque attention ? Si on l'adoptait, je voudrais qu'on lui donnât une plus grande extension, qu'on créât au moins quatre grades distingués par des priviléges purement honorifiques. Ainsi, serait nommé chevalier celui qui donnerait 500 fr. et au-dessus ; simple officier celui qui donnerait au moins 2,500 fr. ; officier supérieur celui dont l'offrande excéderait 5,000 fr. ; grand'croix celui qui donnerait au-delà de 10,000 fr. indéfiniment, sauf au Gouvernement à accorder de plus, dans des cas rares, la croix de la Légion d'honneur. Je réserverais le titre de grand cordon aux Princes du sang, s'ils voulaient honorer ce nouvel ordre en en prenant la décoration.

Sur-tout que la décoration fût le plus simple possible : la simplicité est amie des mœurs : que la manière de porter le ruban plutôt que la matière de la médaille soit le signe distinctif des différens grades. Je voudrais encore que la probité, la droiture, et des mœurs très-pures, fussent de rigueur pour être admis ou conservé membre de l'ordre.

(n) Si je place ici sur la même ligne les rôles des contributions et ceux des patentes, ce n'est pas que je croie qu'on doive admettre dans les colléges beaucoup de patentables, ni que je ne leur préfère les propriétaires ; je suis trop convaincu que la propriété territoriale est une de nos plus fortes attaches à notre pays. Je conclus de là que la division des propriétés, outre qu'elle favorise l'agriculture et augmente ainsi les richesses les plus réelles de l'État, étend de plus, et fortifie, par un plus grand faisceau d'intérêts, le sentiment inné, appelé amour de la patrie.

FIN DES NOTES.

NOTES SUPPLÉMENTAIRES.

(*a*) **Il me semble que l'équité réclame contre la répartition actuelle des contributions directes. Il en est une plus sage et bien plus juste , qu'il serait peut-être bon d'adopter. L'antiquité en fournit le modèle. Elle serait basée sur le revenu , et combinée de manière , que le simple nécessaire ne payerait rien ; l'utile serait légèrement imposé , et le superflu , sur lequel porterait principalement l'impôt, serait taxé à proportion qu'il serait plus grand. Ainsi , par exemple , un revenu de mille francs serait exempt de toute taxe ; un revenu de mille à deux mille serait taxé à 4 ou 5 pour % sur l'excédant de 1,000 fr. ; un revenu de 2 à 4 mille francs , devrait 6 pour % sur le tout ; celui de 4 à 6 mille, 8 pour % ; de 6 à 10 mille, 10 pour % ; de 10 à 15 mille , 15 pour % , etc. , sans que la taxe pût toutefois excéder la moitié ou le tiers du revenu.**

L'établissement de ce système , dont la justice est frappante , exige du temps , sans doute , soit pour se procurer des données assez positives sur la valeur des biens de chaque propriétaire , soit pour calculer équitablement la progression du tarif. En attendant , ne pourrait-on pas remettre la totalité de l'imposition à celui dont la taxe aujourd'hui n'excède pas 100 ou 150 fr. ; réduire à la moitié les cotes qui excèdent cette somme , sans dépasser 300 fr. , en répartissant progressivement sur les grands contribuables le montant de ce dégrèvement ? Cela ne serait pas moins avan-

tageux au trésor public que juste et humain , la le-
vée de cet impôt étant alors beaucoup plus facile et
n'offrant presque plus de non valeurs. Les mœurs y
gagneraient aussi , parce que deux grandes sources de
corruption , la misère et l'opulence , se trouveraient
sensiblement diminuées.

On pourrait de même augmenter les patentes des pre-
mières classes à la décharge de celles des dernières.

Je voudrais également voir doubler , tripler , quá-
drupler , décupler même la contribution personnellé
des gens riches ou aisés , soit par leurs biens, soit par
leur place , pour diminuer d'autant les artisans et les
laboureurs : car l'égalité apparente qui est ici entre le
pauvre et le riche est une dérision , une injustice
réelle : les bénéfices des uns et des autres dans la société étant si inégaux , les charges ne devraient-elles
pas l'être aussi ? D'ailleurs, la mise du pauvre ne serait-
elle pas assez forte de son travail , indépendamment
de la part qu'il supportera toujours dans les contributions indirectes ?

Je ne conteste point que tout cela ne contrariât , ne
violât même plusieurs grands principes : mais je deman-
derais à mon tour , si nous ne sommes pas loin , très-
loin de ce temps où l'on aurait pu s'écrier : *Périsse la
justice plutôt que les principes ?*

(b) Je voudrais la suppression de la partie du cadastre qui a pour objet d'évaluer les fonds. Cette opération éternelle et ruineuse ne donne presque jamais
que des résultats erronés ; au lieu de faciliter une répartition plus juste des contributions et autres charges foncières , elle pourrait bien donner lieu à de nouvelles injustices : magnifique en théorie, elle est trom-

peuse ou insignifiante dans la pratique. Je crois même impossible de la bien faire ; nous sommes trop égoïstes, trop corrompus ; trop de difficultés l'entraveront toujours : je ne parle que des difficultés morales, les autres pourraient être surmontées. Les baux, les prix de vente, les renseignemens locaux et désintéressés qu'il est toujours aisé de se procurer ou directement ou indirectement, ne seraient-ils pas des données plus certaines que toutes les opérations d'un contrôleur prévenu, accompagné d'experts mercenaires et de gens plus ou moins intéressés dans ses opérations ?

L'arpentement est la partie vraiment utile du cadastre ; c'est la seule qu'il faudrait continuer et terminer. Ici, aucun intérêt privé, aucune considération particulière ne traverse l'opération d'ailleurs purement mathématique, et, partant, facile à vérifier.

(c) Je regrette la conscription. Ce mode de recrutement me paraît le plus parfait qu'on ait encore rencontré. Aussi, plusieurs de nos voisins se sont-ils empressés de l'adopter ou de le maintenir. L'abus seul qu'on en a fait l'a justement rendu odieux en France : mais de quoi n'ont point abusé les hommes ? Qu'on le rétablisse, mais dégagé de ce qu'il eut de répréhensible et de désastreux. Qu'elle cesse d'être la cause des plus affreuses concussions, du trafic le plus honteux, d'un vrai brigandage, en un mot. Trop long-temps aussi il a été le fléau des campagnes ; trop long-temps le paysan, sans argent et sans protection, fut enlevé à la charrue, et forcé de marcher pour le riche habitant de la ville.

Il faudrait que la loi fixât bien précisément les cas d'exemption et de faveur, dans l'un desquels serait comprise la classe entière des laboureurs (1). Comme les levées seraient peu nombreuses, le superflu inutile et dangereux de la population des villes fournirait assez, je pense. La durée du service serait réglée, et ne le serait plus en vain. Plus de remplacement, plus de réforme, à moins de payer, à titre d'amende, une forte indemnité, eu égard à la fortune de l'individu : il serait prudent aussi que l'individu réformé ne pût être remplacé que par un conscrit dont le rang dans le monde serait égal ou supérieur, afin de prévenir plus efficacement l'abus. Aucune autorité ne pourrait, sous aucun prétexte, et en faveur de qui que ce fût, s'écarter du cercle tracé par la loi.

(d) L'oisiveté et l'ennui consument les militaires, en temps de paix, et les entraînent dans tous les vices qu'on leur reproche, la débauche, le libertinage, etc. Il importerait donc de les tenir sans cesse occupés, soit à des travaux utiles, soit à des exercices corporels qui ajouteraient à leur force, à leur adresse, et à leur courage. La plupart des jeux de l'antique gymnastique, l'escrime, le tir à pied et à cheval, la balle, la paume etc., etc., rempliraient sans doute ce but ; il ne faudrait que les mettre en usage. Je voudrais encore qu'on pût substituer au point d'honneur, qui n'est point l'honneur, un sentiment plus noble et plus humain. Au lieu d'une rivalité jalouse et haineuse, ne pourrait-on pas inspirer aux soldats des différens régimens, avec une émulation généreuse, une bienveil-

---

(1) Il est des circonstances, telles que l'invasion, par exemple, où nulle exception ne peut être invoquée : alors tout citoyen doit, sans distinction, voler au secours de sa patrie.

lance mutuelle, et cette cordialité fraternelle et franche qui entre dans le caractère français ?

(e) Parmi les impôts indirects, il en est un sur-tout dur et cruel, dont la suppression est ardemment désirée : c'est celui de succession *en ligne directe.* Sans entrer dans les détails de tout ce qui le rend odieux et amer, je dirai qu'il est improprement qualifié, et basé sur une supposition fausse. En effet, dans l'état de société, l'affinité entre les enfans et leurs auteurs est telle, que ceux-ci se survivent en quelque sorte dans leurs descendans, et qu'il n'y a, par conséquent, pas de *mutation* des biens qu'ils leur délaissent : les peuples de tous les pays et de tous les siècles l'attestent d'un accord unanime. L'assertion contraire, avancée par Montesquieu, ne serait vraie, tout au plus, qu'à l'égard de l'homme dans l'état de nature ; aussi, malgré l'autorité de ce grand nom, elle est restée un paradoxe.

Si l'état des finances ne permet pas d'abolir ce droit sans compensation, il ne serait pas impossible de le remplacer avantageusement. Je proposerais à cet effet,

1.º De porter l'impôt du timbre, le plus simple, le plus insensible de tous les impôts, le plus facile dans sa perception, de le porter, dis-je, au double de ce qu'il était avant la loi du 28 Avril 1816 ;

2.º D'augmenter encore le droit des successions collatérales, autres que celles des frères aux frères, des oncles aux neveux, (je ne dis pas des neveux aux oncles) ;

3.º D'établir, sur les contrats de mariage, un droit proportionnel sur la valeur des biens appartenant aux futurs, comme sur les donations qui leur sont faites, ressuscitant ainsi l'article 4 de la 3.ᵉ section de la 1.ʳᵉ classe du tarif du 19 Décembre 1790. Je sais bien qu'il n'y a point ici *transmission;* aussi le droit n'aurait-il pas cela pour objet : mais il serait néanmoins d'une équité frappante : car il est presque révoltant que, suivant les lois actuelles, le contrat d'un pauvre artisan et d'un misérable paysan, coûte autant et souvent plus que celui d'un riche négociant ou d'un grand propriétaire.

Ces droits seraient bien moins rigoureux que celui dont je me plains ; et, s'ils le remplaçaient, tout le monde y applaudirait : ils seraient d'une fiscalité bien moins *irritante*, selon l'expression d'un de nos députés les plus distingués.

Ce qu'on a avancé dans la dernière session pour appuyer le maintien du droit de mutation ci-dessus, ne serait pas même spécieux, sans la raison péremptoire des besoins de l'État. Cependant on ne fait pas attention que ce droit est fatal à l'agriculture, à qui, tous les jours, il enlève un grand nombre de journées : on ne se doute peut-être pas à quelles rigueurs, quelles extorsions, presque toujours involontaires, il donne lieu. J'ai vu, oui, j'ai vu plusieurs fois des malheureux détournés de leurs utiles travaux, venir du fond d'une commune éloignée, et payer 10 et 12 fr. de frais, parce qu'ils avaient négligé de se rendre à des avertissemens préalables, que souvent ils n'avaient pas reçus, et pourtant le droit demandé, quelquefois, n'excédait pas 42 centimes.

Mais je me laisse entraîner trop loin : il est temps de quitter tout à fait la plume : d'autres développeront ce que je ne puis qu'indiquer, ou me réfuteront si je me trompe. J'ai déjà parlé plusieurs fois des entretiens de Phocion, comme de la source d'où j'ai tiré peut-être tout ce que cet écrit peut contenir de bon :

j'aurais dû renvoyer encore aux principes de morale du même auteur, et à son *Destin de la France*, ouvrage où il prévoit la révolution, où il annonce l'exil et les malheurs des Princes les plus dignes de commander et d'être aimés ; où il prédit enfin les déclamations sophistiques et sacriléges de nos anarchistes ; leurs outrages et leurs fureurs envers notre religion sainte et toute divine, à qui seule nous devons tout ce que nos institutions ont de plus parfait, et de supérieur à celles des peuples les plus vantés de l'antiquité. Dans cet ouvrage se trouve ce passage remarquable et dont chacun de nous peut faire aujourd'hui son profit : que les grands états ne se gouvernent pas comme une ville ou une province ; que le gouvernement républicain n'est que pour les cieux ; le monarchique pour la terre ; le despotique pour les enfers. J'aurais dû sur-tout renvoyer au Télémaque ; mais cet ouvrage, autrefois si goûté, serait aujourd'hui le pays des chimères. Dans ce livre immortel se trouvent pourtant tous les vrais principes du Gouvernement tempéré, d'une liberté sage, de la plus sublime morale, de la plus haute politique.

NOTA. Qu'on me permette de terminer cet écrit par deux pièces de vers, qui ont perdu, à la vérité, le mérite de l'à-propos, mais qui, respirant la haine du tyran et le désir de la concorde, ne sembleront peut-être pas trop déplacées ici. La première fut imprimée avec la signature de l'auteur, à Mont-de-Marsan, vers le 20 Mars 1815, la seconde ne put l'être, et ne circula qu'en manuscrit.

STROPHES

SUR LE RETOUR DE BONAPARTE, EN 1815.

Ce monstre barbare et féroce,
Pétri du limon des enfers ;
Ce monstre, de qui l'ame atroce
Troubla, tourmenta l'Univers ;
Gonflé de haine et de colère,
Du fond de son obscur repaire,
S'élance, écumant de fureur ;
Et dans sa course forcenée,
Il fond sur la France étonnée,
Qui le reçoit avec horreur.

Après lui les pâles alarmes,
La terreur morne et le trépas,
La vengeance, aiguisant ses armes,
Suivent et marchent sur ses pas.
Encor dégouttant du carnage
Dont naguère il gorgeait sa rage,
Lui s'avance, affreux, incertain :
Un noir pressentiment l'agite,
Mais le désespoir précipite
L'instant fatal de son destin.

Insensé ! de vastes promesses,
Qui crut éblouir nos guerriers !
Qui crut, de ses viles largesses,
Flétrir leurs immortels lauriers !
Insultant jusques à la gloire
Que ces enfans de la victoire

Pour lui conquirent tant de fois,
Son exécrable perfidie
Provoque contre la patrie
Le souvenir de leurs exploits.

Mais l'armée, au devoir fidèle,
S'indigne, et, dans un noble élan,
Par ces mots confond le rebelle :
VIVE LE ROI ! MORT AU TYRAN !
Dès-lors, dans ces belles contrées,
Où ses espérances frustrées
L'ont si follement rappelé,
Le Corse, inquiet et parjure,
Au milieu de sa bande impure,
Erre, fugitif, isolé.

Il fut toujours lâche, le traître
Qui vend un infame secours
Contre sa patrie et son maître,
Auxquels il devait tous ses jours.
Ah ! par des accidens étranges,
S'il s'en trouva dans nos phalanges,
Honneur aux généreux soldats
Qui soudain les désavouèrent,
Et de leur froid mépris payèrent
Le plus honteux des attentats !

Cependant l'armée épurée
Des transfuges déjà punis,
Marche sous l'enseigne sacrée
Des lois, de l'honneur et du lis.
A sa tête, ses chefs sublimes,
Ces capitaines magnanimes,

De la victoire heureux élus :
Fermes soutiens du trône antique,
Bientôt leur vaillance héroïque
Fera triompher ses vertus.

Mère, de tous les temps, féconde
En fiers et loyaux chevaliers,
La France, la reine du monde,
Se plaît à nombrer ces guerriers.
Avec orgueil, avec délices,
De ces belliqueuses milices
Elle voit les transports touchans,
Quand un Roi libéral et sage
Confie à leur mâle courage
Le salut de tous ses enfans.

Mais déjà leur zèle intrépide
A fait pâlir notre oppresseur ;
Déjà dans son cœur parricide
La rage fait place à la peur :
Le lâche, encor songe à la fuite,
Si la troupe qu'il a séduite
Ne croisait le fer sur son sein ;
Car une triple expérience,
Cette fois, trompant sa prudence,
A su pénétrer son dessein.

Enfin, c'en est fait.... noble France,
O mon fertile et doux pays !
Tu gardes ton indépendance ;
Sous tes pieds sont tes ennemis.
Grâces à nos valeureux frères,
Dont les cohortes tutélaires

Ont reconquis la liberté ;
Les fers honteux de l'esclavage,
Non, ne seront point l'héritage
Qu'aura notre postérité.

STROPHES LYRIQUES,

APRÈS LA BATAILLE DU MONT - SAINT - JEAN,

Sur l'air *du Réveil du Peuple*.

DES maux de ma triste patrie
Le lâche et misérable auteur,
Éperdu, tremblant pour sa vie,
Déserte encor le champ d'honneur.
Il fuit seul : les dangers des braves
Qu'il laisse à la merci du sort,
Pour lui ne sont point des entraves ;
Il ne voit, ne craint que la mort.

Par une campagne fertile,
Dirigeant son rapide essor,
Dans Lutèce il cherche un asile,
S'y jette et cache avec transport.
Là son cœur se livre à la rage :
Mandant ses pâles courtisans,
De sang, dit-il, et de carnage
J'ai toujours soif, chers partisans.

C'est peu d'une armée abattue
Par le fer de mes ennemis ;

Non, ma fureur n'est pas vaincue,
J'entends l'assouvir sur Paris ;
Que dis-je ? sur la France entière ;
Que ne la puis-je anéantir !
Quand je tombe, ma chute altière
Retentirait dans l'avenir.

Ainsi parle ce monstre horrible ;
Tels sont ses sinistres projets ;
Mais une justice terrible
Préviendra ces affreux forfaits.
En vain ses infâmes complices,
Ce reste impur des jacobins,
Qu'attendent de honteux supplices,
Lui prêtent leurs bras assassins.

Égarée et sacrifiée
Par un Corse, un vil scélérat ;
Puis lâchement calomniée (1),

---

(1) Voyez dans les journaux du temps le bulletin officiel de cette trop célèbre affaire. Après deux jours de succès sanglans et disputés, le général était parvenu à envelopper ou couper les ennemis, qui, d'après son plan, ne pouvaient plus lui échapper. La bataille se donne ; déjà elle était gagnée, quand soudain l'armée se débande. La peur, et quelle peur encore ! la peur la plus puérile (la terreur panique) s'est emparée de nos guerriers, des guerriers Français ! ils fuient comme des femmes ; ils n'osent regarder derrière eux : sans écouter ni les prières, ni les reproches de leur intrépide général, ils refusent de se rallier ; et leur poltronnerie lui arrache la victoire, qu'avait décidée ses combinaisons savantes et ses habiles manœuvres. Tel est, en substance, ce rapport fameux, le plus impudent, selon moi, qu'on ait jamais lu.

Ainsi, ces malheureux, trois fois malheureux soldats, dont l'Europe conjurée et victorieuse attestait hautement la valeur et l'indomptable courage ; dont, au milieu de ses succès, elle redoutait

Pour sauver l'honneur de l'ingrat ;
Contre lui par-tout se déclare
La troupe, immobile d'horreur,
Qui veut, renversant le barbare,
Abjurer sa fatale erreur.

Oui, désormais à la patrie,
Au devoir, à l'honneur, aux lois,
Le soldat repentant s'écrie :
« Qu'il rentre le meilleur des Rois !
» De nouveau, qu'il répare en France
» Les maux qu'y versa l'étranger :
» Nous sommes sûrs de sa clémence ;
» Son cœur ne sait pas se venger ».

A ces cris les peuples répondent :
Militaires et citoyens,
Tous s'embrassent, tous se confondent,
Par-tout les plus doux entretiens.
La discorde, impie et farouche,
Loin de nous souffle ses poisons :
Ce cri seul part de notre bouche :
Vivent Louis et les Bourbons !

---

les débris ; ces guerriers formidables et trop punis, étaient, dans ce même temps, accusés, calomniés, flétris, par l'auteur même de leur désastre, celui pour qui ils s'étaient dévoués, qui venait de les livrer par milliers à la mort, et de renouveler, pour la 5.me fois, ce crime, qu'il aurait puni de mort dans le dernier des soldats.

Ainsi, une lâcheté criminelle et continue, des forfaits sans nombre, des malheurs inouis appelés sur votre beau pays, l'affront et l'outrage prodigués à vos députés et à vos défenseurs, ô Français ! tels étaient les droits du GRAND Napoléon, pour régner sur vous ; tels sont les titres qu'il a laissés à sa postérité....